LIVROVIVO:
2000 - 2002

LIVROVIVO: 2000 – 2002

Ricardo Barreto

Apresentado por Silva Barreto

EDITOR - AUTOR
2003

Os recursos da venda deste livro serão doados para as ações sociais do autor

Primeira edição: 2003

ISBN 85-903244-1-9

www.ricardobarreto.com

Barreto, de L. Ricardo
LIVROVIVO: 2000 – 2002 / Ricardo de Lima Barreto
Campinas-SP: Editor - Autor, 2003
58 p.

1. Filosofia
2. Contos
3. Crônicas
4. Poesia

Dedicatória

*Dedico este livro aos meus pais, Henri e Lúcia,
em cujo carinho e dedicação pude sustentar meu
desenvolvimento desde a mais tenra idade,
não só pela estrutura moral e material,
mas, sobretudo, pela exemplificação cristã,
vivenciada no lar em todos os dias de minha vida.
É inestimável o seu valor, assim como também o é
meu amor por vocês.*

"Circunda-te de rosas, ama, bebe e cala. O mais é nada."

Fernando Pessoa

Conteúdo

Agradecimentos

Seria tão demeritório lançar uma obra de caráter evolucionista, sem me fazer valer das inumeráveis contribuições, sem as quais de nada teria valido até aqui chegar, quanto à pretensão da tola vaidade!

Que seria de mim, sem a presença acalentadora dos familiares, o apoio incondicional dos amigos e a complacência magna da minha mulher?

Por isso, é-me um lenitivo fazer algumas poucas ressalvas, somente àqueles diretamente envolvidos na concepção deste livro, porque, se fosse citar todos os colaboradores, não me venceriam as páginas...

- Rogério Chiacchio, meu companheiro e valoroso incentivador da UNICAMP.
- Rafael Ozzetti, amigo dos tempos da ETECAP e ilustrador da capa e contra-capa.
- Silva Barreto, meu querido avô, poeta consagrado e prefaciador do meu primeiro livro.

Meus mais sinceros agradecimentos!

Apresentação

Levei um susto quando recebi os originais de um livro intitulado "Livrovivo"!

Por quê? O livro é de meu neto Ricardo de Lima Barreto. E ele me pede para prefaciá-lo.

A razão do susto está implícita na bela surpresa e no quilate de alguns temas filosóficos e sociais.

Preciso separar a crítica imparcial do coração de avô, ou seja, de um sentimental, do rígido crítico.

Longe de ser José Veríssimo, um Sylvio Romero ou um impiedoso Agripino.

Não escapa ao jovem neto as observações filosóficas de um Sócrates, de um Bacon, de um Hume, de um Kant, estendendo-se a Waldo Vieira e, às luzes do Espiritismo, pregado por Allan Kardec, por Herculano Pires e outros estudiosos desta área religiosa.

O livro está dividido em cinco capítulos: a primeira, dos "Ensaios", onde ele engloba aspectos filosóficos, sociais, religiosos e até mesmo um estudo primoroso sobre a "Memória e o Tempo", a "Mnemônica" e a "Genômica Perispíritica", este último com avanços no campo religioso do Espiritismo.

O segundo capítulo se dedica às "Crônicas", sobressaindo "Além do Terror" e "Syntons da Violência".

No terceiro capítulo, ou seja, dos "Debates", Ricardo procura definir o que é Deus, tema, aliás, difícil e cheio de estudos filosóficos que, em boa parte, não levam a lugar nenhum. Quando afirma que Deus é o nosso sentimento de busca à perfeição, chega à beira de uma elucubração sobre o assunto no meu livro inédito "A Luta Pela Perfeição".

Quando o autor afirma "como nos é possível, sendo imperfeitos, vislumbrar uma condição à qual ainda estamos longe de atingir?" Esta questão metafísica está proclamada em meu poema "No Palácio Encantado dos Porquês",[1] cujo trecho transcrevo, a seguir:

> "Porém, coisa estranha para nós,
> que estamos acostumados a vê-lo concebido
> com matéria-prima e idéia nossas!
> Ele era diferente,

tão diferente como o próprio éter!
Tão imensurável como o próprio nada!
Tão poderoso como o inatingível absoluto!
Era o grande vértice das medidas
na Sexta Essência da Perfeição.

Mas, o homem, coitado,
evidentemente imperfeito,
jamais poderia ter dele uma concepção.
O imperfeito nada mais alcança
do que a própria imperfeição".

No capítulo IV, o autor publica cinco contos, sobressaindo o conto "Parábola da Vizinha Fofoqueira", que é interessante pela lição de moral.

No V capítulo, meu jovem Ricardo levanta voos poéticos, que se esforçam para atingir o Parnaso, sob a proteção de Apolo e suas nove Musas. A inspiração e a insistência ainda o farão um bom poeta porque está presente, sempre, em sua alma, a criatividade.

Grato por não se esquecer do avô em várias passagens do livro que, acredito, terá sucesso e não será o único.

Seu futuro está marcado com uma caneta, uma máquina de escrever e um computador.

Que assim seja, meu neto!

Silva Barreto
Fundador e Presidente Honorário do
Movimento Poético Nacional - MPN

Prefácio

Confesso que nunca me passou pela cabeça tornar-me escritor, mesmo porque sempre os vislumbrei como aquela figura inatingível, plantada pelos professores de literatura nos colégios. Mas, com o tempo, percebi que escrever é tão somente uma forma de comunicação e, como tal, deve ter por princípio a transmissão de uma mensagem. Agora, escrever como um Machado, sentir como um Vinícius, ou refletir ao nível de um Spinoza, é que são elas...

A arte corporifica a sublimidade daquilo que conhecemos como amor. Habita, mesmo que de relance, a mente destes seres, que fazem da vida um eterno sentir... Agradeço à Cosmovisão, por nos permitir ao menos este efêmero contato com a perfeição. Tenho-os (os verdadeiros artistas) como fonte de inspiração, donde seja possível sortir, sobretudo, a apreciação do "Belo" aristotélico!

O combate à robustez linguística desnecessária, instituída por aqueles que se orgulham de suas togas, está entre os poucos objetivos a que esta obra se preza. Como todo iniciante, estou ainda ensaiando e não desenvolvi apreço por uma ou outra modalidade literária, contudo, devo seguir a intuição e buscar em mim o equilíbrio da díade razão-emoção, ora refletindo sobre o significado das coisas, através de ensaios e debates filosóficos, ora buscando a expressão da vida cotidiana, pelos contos, crônicas, mensagens e poesias. Assim, não corro o risco de, perfilando os extremos, cair no abismo do racionalismo exacerbado, muito menos nas ébrias divagações sentimentais.

Mesmo que dessas páginas não se constitua o que se pode chamar de um bom livro, fico contente, outrossim, por fazer delas um retrato fiel do que sou: meus ideais, meus anseios, minhas alegrias e tristezas.

Acredito piamente na lei da evolução, logo, me propus a escrever uma obra que assumisse vida própria, ou melhor, que fosse passível de atualizações, à medida que eu for experimentando novas vivências. Isto se dará na forma de novos volumes, os quais devem refletir as diversas fases de minha vida. Este primeiro volume, por exemplo, abrange o triênio 2000 - 2002. Daí o nome LIVROVIVO: 2000 - 2002...

Acho que todos deveriam abrir um diário de suas próprias vidas, porque só quando paramos para analisá-las é que temos oportunidade de discernir sobre o que é bom, e deve ser desenvolvido, e o que é ruim, e precisa ser banido!

Campinas, 15 de dezembro de 2001.

Introdução

Milhares de anos se passaram desde as primeiras discussões filosóficas, preconizadas por Sócrates, na famosa praça do conhecimento: Ágora. Mas será que o homem atingiu o estado de felicidade pelo qual tem lutado incessantemente desde os primórdios de sua existência?

Sem dúvida que não! Então, no que conseguimos progredir ao longo de todo este tempo? É certo dizer que muito, no âmbito das "coisas materiais", no entanto, cabe ressaltar que estas conquistas somente nos proporcionaram conforto, e nada mais...

No limiar do terceiro milênio, a humanidade ainda "engatinha" no que diz respeito à evolução intelecto-moral. O dinheiro ainda é sinônimo de poder e os ditames de Maquiavel nunca tiveram tamanha força...

As grandes organizações empresariais ainda ditam as diretrizes políticas dos países, enquanto que a desigualdade social é uma sombra que assola o aparente desenvolvimento de alguns poucos países...

O progresso científico-tecnológico parece ter atingido seu ápice: a comunicação global instantânea, hoje, é uma realidade; a era da robótica e da engenharia genética saíram do campo da ficção e a economia pulsa na onda do neoliberalismo, que, dentro de um contexto puramente capitalista, é natural...

Por outro lado, apesar de todo esse aparente desenvolvimento, o que se tem visto é uma crise existencial generalizada de valores. As pessoas lutam com "unhas e dentes" por bens materiais, os quais, depois de conquistados, perdem o valor. A felicidade é efêmera e a chaga do século XXI contagia tanto o rico quanto o pobre, ela é a depressão!

Muitos de nós, em virtude do ritmo acelerado da vida moderna, perdemos a paixão pela vida! Passamos a acordar e dormir sem agregar nada de bom, enfim, viramos autômatos! E o que é pior: somos conscientes disso...

O novo papel da filosofia, mais forte como nunca, mesmo que não pareça, é o de resgatar os valores espirituais (ou consecienciais), dando sentido ao conhecimento...

Certa vez, eu li uma frase (não me lembro onde), que, de alguma forma, mexeu muito comigo... Ela dizia mais ou menos assim:

"A maior qualidade de um filósofo é que ele pode possuir apenas um pequeno bem material, no entanto, sabe enriquecê-lo de valor".

Vê-se, portanto, que a verdadeira riqueza de um homem é a sua formação intelecto-moral, porque esta é pessoal e imperdível!

Em suma, ser filósofo, segundo Thoreau:

"Não consiste meramente em ter sutis pensamentos, nem em fundar uma escola, mas em amar a sabedoria tanto quanto a própria existência, acomodada a seus ditames, uma vida simples, independente, magnânima e confiante".[2]

Exorta-nos ainda Bacon que:

"Devemos primeiro buscar as coisas do espírito, pois o resto será suprido, ou melhor, não sentiremos sua perda".[2]

Fechando com esplendor, Will Durant nos lembra ademais que:

"O que ficou foi o especialista científico que conhece mais e mais a respeito de menos e menos e também o especulador filosófico que conhece menos e menos a respeito de mais e mais".[2]

Vamos, portanto, buscar o equilíbrio dessas qualidades e despir a filosofia dos devaneios pseudossábios, lembrando-nos da simplicidade e eficiência de seu maior ícone: Sócrates.

Capítulo 1: ensaios filosóficos

A memória e o tempo

Há tempos tenho refletido sobre esta problemática e sempre chego a novas concepções, visto que o assunto é inesgotável!

O ensejo desta análise vem da necessidade de se desenvolver nossas capacidades cognitivas quanto à utilização deste poderoso, mas muito mal utilizado recurso: a memória. No entanto, qualquer tentativa nesse sentido seria absolutamente implausível sem a devida compreensão dos conceitos de tempo e memória.

Partindo-se do preceito da existência de encarnações sucessivas, poder-se-ia considerar que o ser integral é o somatório de todas as suas experiências pregressas, as quais devem encontrar-se armazenadas no arcabouço denominado 'memória integral'.

Este conceito foi discutido com excelência no livro de Hermínio Miranda, cujo título inspirou este capítulo.[3]

A memória, segundo a psicologia moderna, pode se dividida em três elementos básicos: o consciente, o subconsciente e o inconsciente. De fato, mas o que realmente nos interessa é o entendimento da dinâmica de funcionamento e intercomunicação entre tais elementos... Usaremos, para tal, como analogia, o modelo geológico do nosso planeta, para melhor entendermos essa sinergia.

Sabe-se que a Terra é constituída, essencialmente, de um núcleo central, envolto por camadas sucessivas de magma líquido, um manto de consistência mais viscosa e a crosta terrestre, sólida, onde pisamos.

A memória integral pode ser compreendida da mesma forma, considerando-se o núcleo como sendo o 'ser instintivo', o magma seria 'inconsciente', o manto o subconsciente e a crosta o 'consciente'.

O ser instintivo seria o espírito, logo após a sua criação, o inconsciente, a região onde ficam armazenadas as experiências das vidas passadas, já o subconsciente seria onde ficam guardadas nossas lembranças da vida atual, enquanto que, no consciente, ficariam os registros mais recentes.

O entendimento de como se procede ao fluxo informativo entre estas 'regiões conscienciais' é muito importante para compreensão da dinâmica de funcionamento da memória integral.

A mobilidade das informações cresce, portanto, na progressão sólido, líquido viscoso e líquido. Sendo assim, poder-se-ia inferir que o inconsciente (magma líquido) possui a maior mobilidade dos registros, seguido do subconsciente (manto líquido e viscoso) e consciente (crosta sólida).

Chegamos ao cerne de nossa abordagem e, agora sim, podemos responder a uma questão de importância colossal!

Como tirarmos o máximo proveito de nossa memória integral?

Basta trabalharmos mais com os registros localizados no sub e inconsciente!

Estamos demasiadamente habituados a utilizar somente os registros do consciente, onde as informações, devido à baixa mobilidade, estão praticamente "cristalizadas". É por isso que muitas vezes não nos lembramos de algo...

Para uma melhor compreensão, podemos ainda dividir o exercício da memória em duas fases: a gravação e a leitura.

Quando queremos armazenar uma informação, o segredo é mandar uma mensagem para o subconsciente "gravá-la". Claro que isto não é nem um pouco trivial, por requerer extrema concentração...

No outro caso, em que desejamos lembrar daquilo que foi registrado, precisamos emergir o registro do subconsciente. Para isso é necessário criar um "canal de comunicação" entre o consciente e o subconsciente, o que é conseguido somente sob 'estados alterados de consciência'...

Logo, o resgate e a análise das ocorrências registradas em nossa memória integral são de suma importância para que se consiga tirar lições e aplicá-las em nossa existência.

Ademais, vale ressaltar ainda que o primeiro passo é simples: fazermos um bom uso do nosso consciente, mantendo nossa consciência sempre "limpa"...

Como no computador, quando sobrecarregamos nossa memória, ela fica cada vez mais lenta, até o limite em que trava! Neste ponto, só um "boot" poderia sanar o problema...

O conhecimento e a inteligência

É perceptível certa confusão na aplicação destas palavras pela grande maioria das pessoas, sejam elas cultas ou ignorantes.

Todos os seres humanos são dotados de inteligência, simplemente por serem munidos de um computador muito avançado: o cérebro.

Isto significa que a 'inteligência' nada mais é do que a faculdade de se pensar. Como tal, ela precisa ser desenvolvida através da prática cotidiana. Assim como os músculos, o cérebro também necessita de exercícios, muito embora alguns prefiram um tríceps bem desenvolvido e um cérebro "atrofiado"...

Já o 'conhecimento', por sua vez, é o arcabouço de todas as experiências adquiridas em virtude da aplicação da inteligência. Portanto, a melhor maneira de se desenvolver intelectualmente é através da 'prática intelectiva', como, por exemplo, através de leituras, solução de problemas, artes, etc.

Alguns acham que, pelo simples fato de possuírem um currículo primoroso, são dotados de inteligência privilegiada... Isto, claro, é um erro, porque pessoas simplórias, como um lavrador, podem demonstrar inteligência superior à de um erudito!

Então, o que os diferencia?

Com certeza a resposta é muito ampla, dependendo do ponto de vista de cada um... Se formos nos basear simplesmente nas definições dadas acima, chegar-se-ia facilmente à conclusão de que o diferencial é o conhecimento.

Entretanto, como reencarnacionista, acredito que o nosso conhecimento é o resultado de todas as nossas experiências existenciais, inclusive as pregressas... Neste sentido, aquele que hoje não passa de um humilde lavrador, em outra encarnação pode ter sido um grande cientista!

Existe outro elemento, não mencionado ainda, que influi diretamente tanto na inteligência como também no conhecimento, ele é a moral!

Pode-se defini-la, essencialmente, como sendo a faculdade de se fazer o bem.

Quando o indivíduo é dotado de bons princípios, tudo o que ele produz tem grande chance de dar certo, enquanto que a pessoa mal intencionada já parte equivocada, de modo que suas obras serão, inexoravelmente, inócuas.

Conclui-se, daí, que sábio é aquele que sabe harmonizar a tríade: inteligência, conhecimento e moral. O caminho é demasiado longo, no entanto, todos podem e vão chegar lá um dia!

As quatro estações da vida

A natureza se revela, muitas das vezes, através de ciclos temporais. É o que se observa, por exemplo, com o clima, o qual sofre variações de temperatura bem determinadas ao longo do ano. Tais alterações, em realidade, decorrem da variação de proximidade entre as diferentes regiões do nosso planeta com relação ao Sol.

Didaticamente, é sempre muito útil dividir estes ciclos em fases, que os caracterizem de acordo com suas propriedades específicas no tempo.

Daí surge, por exemplo, o conceito as quatro estações do ano. Entretanto, a atribuição de tais propriedades, para certos ciclos, torna-se relativa, devido às falhas de compreensão fenomenológica na escolha dos parâmetros causais.

Normalmente, se divide a vida humana, segundo a condição do 'binário corpo-mente', em cinco fases distintas:

1. Infância (1 - 12 anos)
2. Adolescência (13 - 20)
3. Juventude (20 - 30)
4. Fase adulta (30 - 60)
5. Terceira idade (60 em diante)

Fazendo-se uma considerável troca dos parâmetros causais, ao se considerar como propriedade primordial a maturidade filosófica, Pitágoras faz jus ao ditado de que "a vida começa aos 40"...

Para ele, a vida também se distribui em fases, só que anacronicamente diversas às usuais. Seriam elas:

1. Puerícia (até os 20 anos)
2. Adolescência (20 - 40)
3. Juventude (40 - 60)
4. Senectude (60 - 80)

Mais interessante ainda é a analogia que ele faz com as quatro estações do ano. A puerícia seria a primavera, a adolescência o verão, a juventude o outono e a senectude o inverno.

Esplêndido! Somente um "amante da sabedoria" faria tão sublime analogia...

Presumo que seja louvável acrescentar apenas um discernimento, em virtude das elucidações trazidas pela Doutrina Espírita de Allan Kardec.

A concepção da existência de encarnações sucessivas quebra o paradigma da evolução restrita à tênue linha temporal de apenas uma vida.

Nosso cotidiano está repleto de exemplos dicotômicos nesse sentido, haja vista a existência de crianças e adolescentes mostrando-se bem mais "sábios" do que muito adulto por aí... É indiscutível a existência de muitos pontos fora da reta!

A loucura benigna

"De médico e louco, todo mundo tem um pouco"... Quem nunca ouviu esta frase?

Refletindo sobre a problemática da loucura, vieram-me à mente as seguintes indagações: será, realmente, que somos todos loucos? Por que a loucura pode nos levar tanto ao sanatório como também a uma posição de destaque entre as mentes geniais? Afinal, que conceito está por trás dessa palavra tão temerosa?

Evidentemente, as respostas estão muito longe do trivial! São elas tão abrangentes quanto à experiência de cada um sobre o assunto. No entanto, seguindo-se a linha de raciocínio abordada até aqui, aliada à convivência com os poucos "loucos" que tive oportunidade de conhecer ao longo de minha existência até o momento presente, arrisco-me a sugerir uma teoria tão ousada quanto a minha própria pretensão...

Como seria possível tornar a loucura uma ferramenta evolutiva?

Inverossímil seria enveredarmo-nos nestes campos obscuros sem a luz dos conceitos anteriormente estabelecidos, cuja abordagem esclarece alguns aspectos fundamentais, tais como: inconsciente, subconsciente, consciente, fluxo informativo, memória integral e estado alterado de consciência.

Conversando com um amigo na época da faculdade sobre o assunto, este me confessou ter também grande apreciação pelos "loucos". Então travamos o seguinte diálogo:

_ Meu caro, os loucos são a nossa maior fonte de aprendizagem!

Não contente ele acrescentou ainda:

_ Loucos são somente aqueles que não têm consciência da sua loucura...

Respondi, então, entusiasmado:

_ Formidável o que acaba de me dizer!

A loucura nada mais é do que um descontrole do fluxo informativo entre o nosso inconsciente, subconsciente e consciente.

Se eu estiver em um restaurante público e receber uma mensagem do meu sub ou inconsciente mandando que eu tire a roupa, e assim o fizer, podem me mandar para o manicômio, porque estou "doido varrido" mesmo!

Neste caso, o meu consciente não freou o fluxo informativo provindo do sub ou inconsciente, culminando em uma ação descontrolada.

Acontece que, nem sempre, essas ações descontroladas são indesejáveis, podendo ser determinantes para o nosso sucesso tanto amoroso e até mesmo profissional.

Grandes gênios das ciências e das artes, como Mozart e Einstein, por exemplo, devem ter vivido freqüentemente sob estado alterado de consciência controlado.

Vemos, portanto, que há uma linha muito tênue entre a loucura e a genialidade, sendo que o que rege o equilíbrio entre estes estados é a nossa capacidade de controlar o fluxo informativo entre nosso subconsciente, inconsciente e consciente.

Tenho outro grande amigo (este da época de escola técnica), cuja admirável capacidade intelectiva nunca o transformou em uma pessoa orgulhosa e arrogante como a grande maioria daqueles que se julgam inteligentes.

Só para se ter uma noção mais clara do que falo, seu pai, certa vez, me contou que na ocasião da passagem do cometa Halley, aos oito anos de idade, ele proferiu uma palestra para especialistas de todo país no Observatório de Capricórnio. Dá para imaginar isto?

Não tenho dúvidas de que ele também está constantemente sob estado alterado de consciência controlado, no entanto, isto se dá tão sutilmente que só recentemente pude perceber...

Vale ressaltar ainda que as manifestações mediúnicas seriam também outro tipo de fluxo informativo para o consciente, só que oriundo de uma inteligência extracorpórea, denominada espírito ou alma pela maioria das religiões espiritualistas.

Neste caso, o médium, sob estado alterado de consciência, atuaria como um canal de comunicação, provendo o fluxo informativo entre o plano espiritual e o plano físico. Não nos surpreenderíamos, então, ao saber que boa parte da Doutrina Espírita fundamenta-se exatamente nesta fenomenologia.

A racionalização da loucura elucida, portanto, uma série de fenômenos psíquicos, os quais muitos psicólogos e psiquiatras consideram ainda inexplicáveis, ou paranormais.

Além do mais, convencemo-nos que seja este uma espécie de "tratamento" a que todos nós deveríamos nos submeter, para desenvolvermos nossas potencialidades cognitivas.

Praticar o controle dos estados alterados de consciência é o primeiro passo para que tornemos nossa loucura benigna...

Sobre a conscienciologia

A primeira vista, este termo pode nos parecer uma forçosa elucubração lingüística, no entanto, se fugirmos das apelações neologísticas, constataremos, em essência, o valor de sua significância.

Ao pé da letra, dir-se-ia que se trata do conhecimento da consciência, a qual, segundo os dicionários, nada mais é do que a "percepção do que se passa em nós".

Talvez uma dos primeiros estudiosos a utilizar este termo publicamente tenha sido Waldo Vieira em seu Tratado de Projeciologia.[4]

Quis ele expandir as divisas da parapsicologia, criando um novo campo do conhecimento, onde o escopo primordial é o entendimento da consciência e suas diversas formas de manifestação.

Contudo, é sabido que a problemática da consciência tem sido discutida por diversos pensadores ao longo de toda a história da humanidade sob diferentes aspectos: alma, espírito, ego, self, etc.

Chamou-me especial atenção a abordagem do crítico filósofo alemão Emmanuel Kant, sobretudo, ao confrontar o empirismo materialista de Hume com o seu racionalismo afiado. Disse ele que:

> "A consciência é o plano interior em que se processa a relação do sujeito com o objeto do conhecimento".

Vê-se, portanto, que o objeto do seu racionalismo é a consciência, ao passo que, para o empirismo, é a experiência. Encontramos, o ponto de conturbação, pelo qual os 'céticos materialistas' e os 'crentes racionalistas' não chegam a um consenso...

Ainda segundo Kant, a consciência manifesta-se de duas formas bem distintas: a 'reflexão subjetiva', pela qual cada indivíduo identifica a si mesmo, e a 'reflexão profunda', segundo a qual os seres comunicam-se.

Nota-se a dualidade do 'processo cognitivo', regido pela consciência, em que, por um lado, reconhece o indivíduo a sua existência e, por outro, adquire conhecimento perceptivo.

Assim sendo, pode-se inferir que o 'intelecto' e a 'razão' são faculdades da consciência, que "corporificam" o conhecimento, muitas vezes inacessível ao experimentalismo.

Waldo Vieira estabelece ainda que a consciência pode manifestar-se em três estados distintos:[5]

1. Estado consciencial intrafísico
2. Estado consciencial extrafísico
3. Estado consciencial projetivo

Necessário se torna fazer, neste ponto, uma distinção entre a 'consciência' e o 'espírito' para que não se confunda os seus sentidos epistemológicos.

Allan Kardec indaga em O Livro dos Espíritos (questão n°23):[6]

"_ Que é o Espírito?".
"_ O princípio inteligente do Universo".

Fica claro, por esta definição, que o espírito é a essência, enquanto que a consciência seria tão somente um atributo do mesmo.

Herculano Pires também faz esta distinção claramente em sua obra basilar Os Filósofos:[7]

"A causa das ideias é uma substância ativa incorpórea, ou espírito".

Gosto, sempre que possível, de simplificar os conceitos e, neste caso, presumo que não se perderia a sublimidade conceitual se considerarmos a consciência como sendo o atributo do espírito de ter ciência de si.

Seria, de certa forma, não muito diferente do "penso, logo existo" de Descartes...

Arrisco-me, ainda, a fazer uma extrapolação pertinente quanto àquela eterna indagação: que é Deus? Seria a Onisciência, ou melhor, o que tem ciência de tudo... Vamos debater em profundidade este tema mais a frente neste livro.

Genômica perispíritica

Não. Este não é mais um "megaloprojeto" de sequenciamento gênico, outrossim, uma mera divagação filosófica, que pretende lançar uma hipótese ousada sobre a grande interrogação que assola a mente dos mais competentes biólogos moleculares do mundo...

Além do sequenciamento das bases nitrogenadas que constituem o DNA humano, o Projeto Genoma constatou, entre outras coisas, que o código genético presente nas células da unha do nosso dedão do pé é simplesmente idêntico ao das complexas células neurais.

Permanece, então, a dúvida cruel: o que exatamente determina a expressão de um determinado gene em uma célula especializada?

Pasmo eu fiquei ao fazer esta mesma pergunta a um dos maiores especialistas da época sobre o assunto na UNICAMP e obter a seguinte resposta:

> "Esta é a grande limitação da ciência no momento, visto que conseguimos obter o livro, no entanto, estamos ainda bem longe de compreender sua linguagem".

No meio acadêmico existem correntes que acreditam na influência da natureza conformacional da molécula de DNA como fator determinante das regiões gênicas expressivas. Mas, mesmo que isto venha a ser comprovado, o que, além das interações supramoleculares, determinaria estes diferentes arranjos conformacionais?

A constatação experimental destes fenômenos fica implausível experimentalmente dada à extrema complexidade dos referidos sistemas supramoleculares, mesmo com as mais sofisticadas ferramentas de cálculos computacionais.

Tal limitação científica abre margem para proposição de modelos filosóficos hipotéticos, ou metafísicos, como preferem denominar os detentores do método...

Sou um profundo admirador da filosofia, a qual tem sido inadvertidamente ignorada nos últimos tempos. Injusto o é, haja vista que ela tem impulsionado o desenvolvimento da humanidade desde os seus primórdios, muito antes de se fazer ciência como a concebemos hoje.

A concepção perispíritica, proposta por Allan Kardec no século XIX,[6] postulou a existência de uma espécie de envoltório semimaterial que une o corpo físico e o espírito.

Passado mais de um século, Richard Gerber, em suas pesquisas no campo da Medicina Vibracional,[8] propõe que o perispírito constitui uma espécie de 'mapa energético', que contém as informações espaciais a respeito da matriz fisiológica que os organismos devem assumir.

Urge, em minha mente, mais uma indagação: não seria esta matriz energética sutil, ou perispírito, uma espécie de "molde", capaz de influenciar inclusive nas conformações protéicas e na expressão gênica?

Será que, realmente, somos literalmente "programados" via informações impressas em nosso 'código perispíritico', as quais se expressam materialmente através de nosso código genético? Mais recentemente a epigenética tem trazido luz à questão. Vamos aguardar as preciosas descobertas neste campo que ainda estão por vir...

De qualquer forma, isto não é metafísica nem espiritualismo, mas sim filosofia! Seja 'genômica' ou 'perispíritica', o que realmente importa é refletir sobre os mecanismos da vida, numa busca inaudita pela paz plena, fruto do amor.

Sobre a mnemônica

Comecemos apreciando o seguinte excerto de Dunlop:[9]

> "A memória é como Fanus, o Deus do ano novo. Ela olha o passado, liga-o ao presente e, a partir disso, determina nosso futuro. Somos o que somos, porque lembramos. A memória preserva a continuidade de nossas experiências e modela toda a nossa personalidade".

O desenvolvimento da memória é crucial para o aprimoramento das nossas capacidades cognitivas. Mas me pergunto: como pode ela influir até mesmo em nossa personalidade?

Denominamo-la memória integral noutra circunstância e estabelecemos que devesse representar "o arcabouço de todas as nossas experiências pregressas". Entretanto, como tal, necessariamente precisava possuir uma estrutura física, ou "armação", que a contenha.

Segundo Geoffrey Dudley é incerta a natureza exata do processo de retenção. As teorias mais plausíveis ligam os fenômenos da memória às bases fisiológicas cerebrais.[10]

Dentre estas teorias, talvez a mais aceita seja a do 'fator químico' que propõe as citadas mudanças conformacionais protéicas como fonte do armazenamento da informação ao nível molecular.[11]

Se cada experiência pela qual passamos é registrada fisicamente em nosso cérebro, como explicar sua dinâmica de funcionamento e intercomunicação?

Existem fortes evidências de que nosso sistema nervoso central, através das transmissões sinápticas, funcione de maneira análoga aos computadores.

Desta forma, tanto o raciocínio, a imaginação e a memória seriam dependentes de milhões e milhões de conexões nervosas, formando-se assim uma espécie de "rede neural".

O conceito de fluxo informativo que já foi explorado anteriormente, segundo uma analogia com o modelo do planeta Terra, estabelece que nada há de contraditório ao comparar-se estas duas teorias, tendo-se em vista que de uma exaure a outra.

Primordialmente, a mobilidade das informações registradas em nossa memória integral é função das possibilidades conectivas da nossa rede neural. Ou seja, quanto maior for o número de conexões necessárias para trazer a informação à tona, tanto mais difícil será nossa capacidade de evocá-la.

Seria, mais ou menos, como navegar na internet sem uma "bússola", ou melhor, um bom site de busca como o Google...

O que chamamos nesta obra de 'estado alterado de consciência', em realidade, nada mais é do que uma postura mental de "relaxamento consciencial", em que se maximiza nosso potencial conectivo, possibilitando o fluxo informativo entre a consciência, o subconsciente e o inconsciente.

Urgem, então, questões cruciais ao desenvolvimento da nossa capacidade de aprendizagem. Como lembramo-nos e por que nos esquecemos?

Difícil responder precisamente, ou melhor, como toda boa teoria, desafiador mesmo o é aplicá-la! Dudley sugere serem quatro os motivos do esquecimento:[10]

1. Fraca impressão
2. Desuso
3. Interferência
4. Repressão

Deixo ao leitor, munido dos conceitos até aqui abordados, o ensejo de refletir e interpretar os conceitos por trás de cada um destes fatores. Preciso não o é dizer que todos estão intimamente ligados ao processo neural conectivo...

Quão simples não seria a fórmula mágica da mnemônica? Dudley mesmo já a teria revelado como sendo:

1. Atenção
2. Repetição
3. Seleção
4. Despreocupação

Todos estes conhecimentos só vêm complementar o que Freud já dizia há um bom tempo:[12]

> "A pessoa normal concentra-se naquilo que lhe parece importante".

Além do mais, deve-se reforçar que a nossa memória é regida por duas fases completamente distintas: a gravação e a leitura. Toda informação deve ser armazenada fisicamente ao nível molecular, segundo as conformações protéicas.

Sua mobilidade, por sua vez, se dá via conexões sinápticas dentro de uma rede neural extremamente complexa, formada por bilhões de neurônios, sendo o 'estado alterado de consciência' tido como o ponto de conectividade máxima, ou seja, o desempenho mnemônico ideal.

Como atingi-lo? Isso são outros quinhentos... Vamos agora às crônicas que costumam aquecer os ânimos!

Capítulo 2: crônicas

Manifesto ao cretinismo

Quantos não o são? Estes que:

"Sabem o que julgam, mas ignoram o que não sabem".

Sócrates, mestre dos imortais! Ninguém escapa ao cretinismo, esta chaga que rumina até mesmo os doutos de sabedoria.

Quem não tem seus momentos de afazia, neste mundo onde não há paz, só agonia!

No sentido literal, o 'cretinismo' nada mais é do que a deficiência de desenvolvimento mental. Acontece que é extremamente contagiante, como o mais temível vírus.

Ninguém está de todo ileso, pois vivemos entre "cegos guiando cegos".

Então, como não cairmos no abismo da ignorância? Haja vista que, mesmo aqueles, quase "super-homens", vêm-se oprimidos e solitários diante dessa demência que assola a humanidade.

No Brasil, parece que a situação fica ainda pior! Quando não se houve falar da ladroeira institucionalizada, restam-nos os usuais comentários futebolísticos, a ciranda-remota dos 'desinformantes' canais de televisão, ou o som infame do "tapinha"...

Santa ignorância! Que fazer? Céus...

Por falar das "alturas", me desculpem os sinceros e desinteressados crentes da alma: que sacrilégio!

Segundo alguns analistas da economia informal, um dos melhores negócios da atualidade é abrir uma igrejinha lá para os lados da periferia...

Certo, o pastorado de araque! Em nome de Jesus, o catzo!

Cristo vivenciava o amor, completamente desprendido dos anseios materiais, muito diferente destes aproveitadores da nossa desgraça social. Quem nos dera ser "100 % Jesus"...

Quanto àqueles corruptos que estão no poder, ou aos que se opõem até chegar lá, meus mais sinceros pêsames, pois "não sabem o que fazem"...

Enquanto não houver crescimento ético-moral, seja político ou intelectual, vamos continuar nesse pardieiro.

O que mais me entristece, no entanto, são os pequenos safados. Não pela gravidade de suas faltas, mas porque são muitos, e somados, resultam nesta miséria social em que vivemos.

Outro dia fui ao cinema e não me atentei para o fato de que era quarta-feira (dia de meia-entrada). Dei, então, o valor integral do ingresso e, se minha namorada não me avisasse, teria sido convenientemente enganado...

Talvez a crônica, seja a forma mais adequada e direta de expressar tamanha indignação!

Àqueles que porventura se sintam ofendidos com qualquer tipo de crítica, perdoem-me, pois presumo seja eu mesmo o maior alvo delas, simplesmente porque acredito que a autoanálise é a melhor forma de evoluirmos.

Que a reforma íntima seja o "pão nosso de cada dia"!

Ostracismo alienante

Uns se calam por saberem demais. Contrariamente, outros o fazem por saberem "demenos"...

Como diria minha vozinha Marieta: "mas será o Benedito!".

Não deveriam os primeiros, em prol da evolução, transmitir aos mais desafortunados ao menos um pouco do que sabem? O que freia este salutar intercâmbio informativo?

O mundo, definitivamente, é dos "cretinos", estes que pensam que sabem e, por conseguinte, disseminam suas inverdades...

Raios! Afinal, existe verdade por acaso? Quem inventou esta palavra? Que fazer diante dos efeitos torpes deste 'ostracismo alienante', que estagna o progresso?

Oriunda do grego "ostreon", a palavra ostra refere-se a um tipo de molusco marinho da família dos ostrídeos.[13] Apesar de comestíveis, sua principal atração se dá pela potencialidade na geração de pérolas preciosas, mesmo que isto se dê segundo uma chance em um milhão.

Ademais, o termo ostracismo remonta à antiguidade grega, como uma espécie de julgamento do povo de Atenas, pelo qual se

bania por dez anos um cidadão, cujo poder ou ambição eram temidos.[13]

Muito embora o termo seja usado hoje vulgarmente como uma 'ação de se excluir de um grupo',[13] tal acepção não deixa de fazer sentido. Muito pelo contrário...

Assim como as ostras que se isolam do meio através de uma concha para proteger-se, também o fazem as pessoas, no cotidiano, só que através de "máscaras", com o mesmíssimo intento.

Temem ser "devoradas" pela ganância, inveja, cobiça, vaidade, orgulho e avareza dos seus convivas, e, o que é pior, delas próprias...

Neste jogo de "esconde-esconde", frequentemente, deixam de tomar contato com muitas pessoas, o que pode ser prejudicial, em alguns casos, pois impede a troca de experiências profícuas.

Gera-se, então, um quadro de preconceitos mutualísticos disfarçado, muitas das vezes, nos mais variados estereótipos.

Estas reações "escapistas", em que se refugiam os fracos da solidão, até mesmo de forma inconsciente, são ocasionadas pela sinergia degenerativa da mais pura ignorância dos seus papéis perante o macrocosmo!

Como ostras, ao menos têm uma ínfima probabilidade de serem germinadas em sua essência por um "grãozinho" de sabedoria. E um dia, afinal, brilharão como uma linda e valiosa pérola.

Portanto, não nos desesperemos em vão!

Embora seja uma chance em um milhão, aqueles que conhecem um pouco do 'efeito túnel', da mecânica quântica, sabem que todos vão chegar lá!

É só uma questão de tempo...

Lelés Lalaus da cuca

Recentemente, tenho me deparado com episódios que, de tão esdrúxulos, levam-me a crer num homem tão irracional quanto o mais rudimentar dos primatas!

Pior ainda seria admitir que, muitas das vezes, sinto-me em melhor companhia do meu cão do que com certos seres humanos repugnantes, cujas pequenas ações cotidianas deflagram uma raça da pior estirpe possível.

São eles os "Lelés Lalaus da cuca"...

Por mais inverossímil que possa parecer, há de chegar o dia quando estes que se julgam "por cima da carne seca" irão comer do "pão que o Diabo amassou".

Muitos religiosos acreditam que este dia só virá depois da morte, perante o julgamento divino. Não penso eu, entretanto, que funcione o universo tal como um "reloginho newtoniano".

Longe de mim, querer blasfemar contra a "ordem" das coisas. Só quero dizer que este bendito dia chega sim. E muitas vezes ainda em vida. Vem cauteloso, quietinho, como um coceirinha que incomoda, mas não passa...

A cada conquista fadada a ambição não sossega, qual fofoqueira amordaçada. Além da veleidade dos bens materiais, são eles ludibriados ainda pela sensação de poder, do qual se servem para manipular e atrair as pessoas.

Confesso nunca ter visto tamanha estultícia!

Constroem relacionamentos que são verdadeiros castelos de cartas... Acolhidos por palácios que mais parecem o verdadeiro "Éden" na Terra!

Eis onde falham. Eis porque murmuram de dores na solidão. Eis o porquê de invejarem e abominarem os "pobres de espírito". Enfim, eis o motivo da estranha loucura que, mais cedo ou mais tarde, os arrebata...

Atenção seus Lelés Lalaus, seus Balhos, seus Ufs, seus Ércias... Meus mais sinceros pêsames.

Sinto lhes informar que suas "caráterografias" acusam estarem todos com os dias contados. Os senhores têm a mais temível espécie de neoplasia:

Câncer da alma!

Minha religião

"Senhor, perdoe-os, pois não sabem o que fazem"...

Considero uma blasfêmia afirmar que Jesus Cristo tenha instituído qualquer tipo de religião.

Seus ensinamentos são indiscutíveis por serem embasados no exemplo de amor e caridade e não na subjugação dogmática a um conjunto de leis morais, ditas "divinas", cujos fundamentos, apesar de louváveis, muitas vezes, acabam aprisionando a liberdade de pensamento.

Pode-se dizer que é intrínseca a vontade do ser humano de acreditar em algo que transcenda o plano material. Um Ser Supremo, responsável pela criação e regimento do universo. Enfim, um Deus!

Acontece que esta busca incessante de sentido para vida, de alívio diante dos sofrimentos e de felicidade perante as aflições constitui um "prato-cheio" àqueles aproveitadores, travestidos de religiosos, que manipulam os "crentes" com o poder da oratória.

Penso que o simples fato de dizer: "sou desta ou daquela religião", por si só, já gera uma série de preconceitos. É errado nos rotularmos porque perdemos, em parte, nossos dois mais preciosos bens: a liberdade e a individualidade.

Após muito refletir sobre estas questões, hoje, se me perguntam: qual é a sua religião? Eu respondo resoluto: sou cristão porque procuro seguir os ensinamentos de Jesus Cristo, os quais se encerram essencialmente no Novo Testamento.

Como viga elucidativa a respeito do sentido mais amplo da vida, acredito nos preceitos da filosofia espírita, enquanto doutrina e não como religião.

Desta forma, evito conotações tendenciosas, geradas pela "rotulagem religiosa", preservando o caráter positivo de toda e qualquer discussão. O importante é valorizar o crescimento interpessoal.

Vale a pena ressaltar ainda que a nossa maior ferramenta evolutiva é a ação, ou melhor, a boa-ação...

Quando temos atitudes egoístas, ressaltando o orgulho, preocupados somente com as quimeras da vida, por mais coerentes que pareçam ser os nossos ideais, não deixaremos nunca de ser hipócritas.

É sempre bom lembrar que:

"Mais será cobrado daqueles que muito receberam"...

Por outro lado, se somos bons e prestativos para com os seme-lhantes, não nos interessa mais nada. A felicidade já habita em nossos corações.

É como já dizia o mestre Dalai Lama:[14]

"O propósito da nossa existência é buscar a felicidade".

Sonho e ambição

Talvez a capacidade de viver em devaneios não seja um mero capricho infantil, outrossim uma forma de perpetrar a esperança na vida.

Muitos até mesmo dizem que a vida acaba quando deixamos de sonhar...

Realmente, esta parece ser uma necessidade intrínseca do ser humano. Uma espécie de "combustível" que nos impulsiona rumo às conquistas. E, por conseguinte, à felicidade!

Entretanto, há certa confusão iminente na cabeça de muitas pessoas, simplesmente por não conseguirem discernir o sonho da am-bição.

Sonhar é algo natural, inocente e prazeroso. Surge na forma de uma ideia que brota inesperadamente do nosso inconsciente, em geral nos momentos em que a mente se encontra num estado de paz e har-monia.

Muito diferente da ambição que é uma ideia compulsiva, ad-vinda das necessidades mundanas, as quais são movidas, por sua vez, pelo orgulho, a inveja e a tola vaidade...

Não que a ambição seja de todo ruim, mas deve ser sempre ba-lanceada por uma boa dose de ética e moral para que não caia no perigoso vislumbre "maquiavélico".

Quem foi que disse que somente as crianças podem sonhar?

Muito pelo contrário. Adulto também pode e deve sonhar. Se-ria como uma lição de casa que nós mesmos devemos nos incutir. E sempre!

Quão fascinante não seria notar que com o passar do tempo nossos sonhos mudam da água para o vinho... Quer prova mais cabal do quanto nos modificamos no curto espaço de tempo de uma vida?

Aos quatro anos de idade, eu sonhava em ser Presidente da República. Com nove seria o máximo se fosse campeão de Karatê. Já, na adolescência, quando a realidade falou mais alto, tudo o que eu queria era entrar numa boa faculdade. Hoje, com vinte e três anos, posso dizer que o meu maior sonho não é mais me tornar doutor em química, apesar de ser esta uma importante meta profissional. Quero sim cultivar relacionamentos duradouros que durem por muitas e muitas vidas...

Não obstante, o que mais me entristece é perceber que a maioria das pessoas, com o passar dos anos, começa a confundir os seus sonhos com ambição. E nunca estão satisfeitas com suas vidas. Sempre querem mais!

Não vejo outra saída, nestes casos, senão uma severa "sabatina" que pode ser conferida em doses "quimioterápicas" por nós mesmos. Ou, da pior forma, quando a própria vida se encarrega de nos mostrar o caminho...

Seria tão incrivelmente mais simples se nós apenas sonhássemos em ser felizes!

Estado de fugacidades

Todo estado soberano deve ser exercido sobre a égide de três pilares fundamentais:

1. Uma economia robusta e igualitária;
2. Governantes éticos e capacitados;
3. Cidadãos atuantes e bem instruídos.

Muito utópico seria imaginar que algum, dos vários regimes de governo que ao longo da história a humanidade experimentou, tenha tido ao mesmo tempo estes três pilares firmemente estabelecidos.

Desde os regimes mais democráticos, tais como a república e o parlamentarismo, aos estados totalitários como os impérios e a monarquia, todos, sem exceção, falham em pelo menos um ou mais destes aspectos, em maior ou menor grau...

Em uma ditadura militar, como a que o Brasil experimentou nas décadas de 60, 70 e início de 80, mesmo com a força aparente do

"Milagre Econômico" da industrialização, dois outros pilares foram seriamente abalados.

Um deles pela falta de ética dos governantes que simplesmente privaram a sociedade do seu maior bem: a liberdade. O outro ruiu como consequência do primeiro, pela impossibilidade de atuação política dos cidadãos.

Não é preciso dizer o que acontece quando dois pilares de uma estrutura em tríade estão nitidamente comprometidos. O movimento das "Diretas Já" fala por si...

Tivemos também a derrocada vexatória do governo De La Rua Cavallo, na Argentina, que trouxe à tona a cabal importância de se manter o equilíbrio da 'construção estatal'...

Desde o início da década de 90, ainda no mandato de Menen, a economia do país já transparecia problemas estruturais sintomáticos. Mesmo com a hiperinflação controlada, a paridade peso-dólar somente mascarava o verdadeiro mal do país: o déficit comercial.

Somado a isto, uma onda avassaladora de governantes corruptos e incapazes terminou por ruir o que restava da autointitulada "Europa das Américas"...

Por outro lado, nas últimas décadas, temos observado exemplos promissores de regimes democráticos bem sucedidos, principalmente na Europa.

Claro que estão ainda muito distantes do pleno equilíbrio da tríade, entretanto, se o mundo não for abalado por mais uma guerra absurda e ainda, se a verdadeira transformação acontecer no que tange a ética individual, acredita-se que estão no caminho certo.

Certa vez, nos tempos de colegial, lembro-me de um professor de história ter me dito que, na opinião dele, o melhor regime de governo seria o anarquismo.

Francamente, acredito que nem o comunismo seria mais inverossímil em nosso contexto...

A 'autogestão representativa' só terá seu lugar quando cada um de nós tiver muito bem desenvolvida a consciência ética do respeito ao próximo.

Além do terror

Eis o prelúdio do novo milênio: duas torres, símbolos colossais do capitalismo, dois aviões sob o comando de terroristas suicidas, uma nação abalada e o mundo em alerta!

Qualquer busca de uma explicação plausível para esta tragédia requer muito mais do que uma análise rigorosa dos precedentes históricos, outrossim, uma capacidade de discernimento e autoanálise sobre a mensagem filosófica encerrada sob aqueles escombros.

Todos nós temos nossa pequena parcela de culpa ao sustentarmos as desigualdades do dia-a-dia que só fazem alimentar o preconceito, nas suas mais variadas formas...

Nada me parece mais cabível neste contexto quanto uma sábia frase de meu literato avô Silva Barreto:[15]

> "Não há grandeza naquilo que se constrói sobre a miséria de um povo".

É extremamente difícil admitir, mas não precisamos voltar muito atrás para constatarmos as inúmeras atrocidades que os Estados Unidos da América já cometeram contra vários povos ao longo da história, em nome da sua autointitulada 'democracia'.

Mais descabido ainda seria frisar como causa o fundamentalismo religioso, afrontando a comunidade islâmica, quando a única fonte do terror não é outra senão as próprias imperfeições humanas, as quais são inerentes a qualquer tipo de política ou credo.

Neste sentido, nosso ilustríssimo ex-presidente da República Fernando Henrique Cardoso, mais uma vez nos brinda com uma das suas frases retóricas:[16]

> "A paz é muito mais que o contrário da guerra. Ela é o corolário da justiça".

Ora, o mais bonito é ver quando a sociologia efetivamente sai do papel...

'Liberdade Duradoura' não se conquista bombardeando um país já em frangalhos, fazendo-se reféns, ou, muito menos, trocando-se governos. Ela deve ser alicerçada, sobretudo, numa luta inaudita para redução das desigualdades sociais a nível mundial, sendo que as nações mais desenvolvidas têm aí um papel preponderante.

O respeito à liberdade dos povos, o perdão às dívidas dos países pobres e a mobilização de fundos para o combate à miséria, em nível global, estão entre as medidas que urgem após os atentados de "11 de Setembro".

Além do terror, vê-se que, das grandes tragédias da humanidade, surtem as maiores lições!

Cabe aqui salientar ainda que, em relembrando o passado, desenvolvemos nossa capacidade de vivenciar o presente e planejar o futuro.

Não há mudança mais efetiva do que aquela que reside dentro de nós mesmos!

Syntons da violência

Ao contrário do que parece, a palavra syntons não nos remete à conotação de sintoma, mas sim ao significado de causalidade ou raiz.

Em química orgânica sintética, por sinal minha especialidade acadêmica, *syntons* são 'esqueletos carbônicos' básicos, utilizados como precursores de moléculas mais complexas.

Pois bem, mas o que esta ladainha toda tem a ver com a violência? Aparentemente nada, mas filosoficamente tudo!

Ora, o retrato da violência perfila pelos nossos olhos diariamente nas ruas, nos noticiários, no trabalho e até mesmo em casa... O que nos falta mesmo é o mínimo senso de revolta contra essas iniquidades.

Nos últimos tempos, diante da onda intermitente de atos inconcebíveis que ferem os mais fundamentais direitos humanos, causou-me especial assombro o assassinato do prefeito de Campinas, nosso querido Toninho do PT.

Em nosso país, especialmente, é sempre muito bom ter uma boa dose de prudência ao se falar bem de qualquer político. Entretanto, neste caso, não hesito em abrir uma honrosa exceção:

_ Toninho, em teus olhos eu via muito mais do que um político honesto e trabalhador, outrossim, o reflexo da esperança de um povo por demais esquecido. Esteja em paz, com a certeza de que legou-nos a urgência de uma profunda reforma social.

Voltando à análise dos 'causadores da violência', antes de citá-los, ou propor qualquer tipo de solução, gostaria de fazer um breve exercício de transposição mental.

Imaginemo-nos na situação de um pedinte qualquer, destes de semáforo que em cidade grande tem de sobra... Aos 24 anos de idade, desempregado, vítima dos mais sofríveis traumas de infância, com fome e o sinal fecha. Pára um automóvel Audi-A3, vidros entreabertos, som "putz-putz" no último volume e um "playbas" sorrindo, como se a vida fosse um eterno mar de rosas... Quando o pedinte se aproxima com o seu rodinho, o almofadinha fecha os vidros rispidamente, dá uma risada, aumenta o som, olha para a "paty" ao seu lado e o ignora friamente.

Como você se sentiria sendo apunhalado pela exclusão social todo dia? É muito fácil fazer discurso moralista quando se tem tudo de mãos beijadas...

Lembro-me, enfim, de uma frase pichada num muro que eu lia todo dia, absorto, no caminho para faculdade:

"Enquanto não houver justiça para os pobres, não haverá paz para os ricos".

Presumo seja este um axioma perante o qual todos os outros inumeráveis motivos de violência ficam subjugados. A justiça social é uma condição essencial. Sem ela estamos fora do equilíbrio e a "termodinâmica social" é inexorável...

A "fórmula", portanto, é simples. O difícil é exercermos nossa obrigação diária de auxílio ao próximo, numa incessante luta pela distribuição de recursos, sejam eles materiais ou espirituais.

Por ora, preocupemo-nos somente em nos informar para que possamos escolher melhores governantes. E que estes ao menos cumpram com o dever de oferecer melhores condições de saúde e educação à população, além de propiciar um sistema judiciário eficaz que possibilite de fato a reabilitação dos criminosos.

Isto não é impossível. Alguns países no mundo já o fizeram. Espero que nas próximas décadas o Brasil tenha cumprido pelo menos os primeiros passos para se tornar um país mais justo.

Uma verdadeira pátria para os seus cidadãos!

Capítulo 3: debates

Choque profícuo

Discutir, eis o cerne da reflexão!

Sócrates e Jesus não deixaram sequer uma obra por escrito, entretanto, suas palavras ecoam pela eternidade. Ambos à morte foram condenados, por ousarem dizer aquilo que muitos ainda estão longe de compreender...

Benditos o sejam estes seres iluminados, por nos clarearem a jornada!

Foi numa pacata noite de domingo, na casa da namorada, assistindo ao programa Provocações da TV Cultura, que tive o "estalo": que tal promover debates, via e-mail (na época ainda não existiam as redes sociais), com os meus colegas de faculdade? Salve Abujamra!

Já estava no "ar" o site www.filositesofia.cjb.net, de modo que seria só lançar um tema e esperar ansiosamente pelas respostas...

Pensei um "bocado" sobre o formato ideal que estes debates deveriam assumir e conclui, afinal, que seriam estruturados da seguinte forma:

Iniciador - Pessoa que lança a discussão e fica responsável pela mediação dos argumentos;

Proposição – Breve contextualização do tema, com ênfase no escopo a que se propõe;

Indagação – Abordagem da problemática proposta, na forma de uma questão emblemática;

Respostas, réplicas e tréplicas – São formuladas pelos participantes do debate e enviadas via e-mail;

Considerações – Espécie de conclusão parcial de caráter conciliatório, feita pelo iniciador do debate, quando julgar conveniente.

Não há uma obrigatoriedade de que os debates tenham um final, muito pelo contrário...

A troca de opiniões se preza ao crescimento interpessoal, sendo que a visão dos participantes é susceptível de mudanças, o que seria um bom reflexo de que o debate esteja cumprindo com a sua função.

Cabe salientar ainda que o embate de ideais, em alguns momentos, pode tornar as discussões um tanto picarescas, ou até mesmo ofensivas, fruto das emboscadas da retórica.

Estes contratempos funcionam, no entanto, somente como um "catalisador" para o crescimento, o fruto de um choque profícuo.

Que é Deus (melhores momentos)

Iniciador – O autor (17.02.2001).

Proposição – O autor.

Esta discussão visa o embate filosófico da primeira pergunta, contida em O Livro dos Espíritos de Allan Kardec.[6]

É importante enriquecer nossa compreensão com as mais variadas interpretações para que a luz da sabedoria esteja sempre desprovida de qualquer tipo de preconceitos.

Se daqui surgirem reflexões e, até mesmo, "provocações" que despertem ideias, quaisquer que sejam, considero-me por satisfeito.

Vamos lá!

Indagação – Allan Kardek.

"_ Que é Deus?".

Resposta 1 – Espiritualidade.

> Deus é a inteligência suprema, causa primeira de todas as coisas.

Réplica 1 – Participante A (em respeito à privacidade dos participantes deste debate, preferi ocultar seus nomes. Mas, desde já, gostaria de agradecê-los por suas valiosas contribuições).

> O mundo experimental, reprodutível e material possui uma lógica de encadeamento dos fatos, demonstrada pela física, e uma causa comum para estes. Há tempos, tenta-se realizar a unificação das forças e isto permite dizer que uma inteligência suprema, resultado lógico de uma origem comum, seja a causa primária de todas as coisas. Assim, a resposta dos espíritos, além de ser verdadeira, considerando esta entidade uma força ainda não bem estabelecida, não fere ninguém e deixa todos com a paz necessária à felicidade de cada um.

Resposta 2 – O autor.

Transpondo a definição dada pelos espíritos, a qual considero irrefutável, para uma forma um pouco mais "palpável" à minha realidade terrena, prefiro pensar em Deus pela apreciação da sua obra, visto que ela deve refletir o seu Criador.

Desta forma, seria Ele, então, uma manifestação natural pela qual o universo nos revela a perfeição e imutabilidade das leis que o regem.

Não gosto muito do termo definição – prefiro proposição – e esta está bem longe de qualquer conotação ceticista.

Urge saber que, em amando e respeitando à natureza e à vida, é a Deus que o faz. Aqueles que assim o fizerem, serão conduzidos inexoravelmente pelo caminho da redenção.

Agora, como amar? Eis aí a chave de tudo e ela é única para cada um de nós...

Réplica 1 – Participante B.

> Eu acho lamentável a luta que existe para se comprovar que Deus não existe como a Bíblia afirma... Se for a redenção que você busca, tente pensar no caminho que a Bíblia nos dá (Atos 16, versículos 30 e 31).

Tréplica 1 – O autor.

Interessante a maneira com que os "crentes" se esquivam da pergunta... Considero qualquer tipo de opinião, inclusive a omissão, no entanto, devo dizer que aqueles que não emitem opinião, não deveriam criticar as existentes.

Gostaria de deixar elucidado que existem dois caminhos bem diferentes para se atingir a 'plenitude espiritual': o caminho dos crentes e o dos céticos.

Diria que nem um nem outro seja o melhor. Talvez um "híbrido" dos dois... O importante é sempre ter em mente que o "combustível" dessa jornada é o mesmo: a ação!

E, para isso, o exemplo de amor e caridade do nosso grande mestre, Jesus Cristo, já basta.

Réplica 2 – Participante C.

> Concordo com a resposta 2 no ponto em que diz ser Deus uma manifestação natural pela qual o universo nos revela a perfeição e imutabilidade das leis que o regem, apesar de não estar tão certo quanto à imutabilidade das leis do universo.

Tréplica 2 – O autor.

Uma lei só é perfeita quando imutável. Neste ponto, torna-se uma proposição máxima, ou melhor, um axioma.

Em ciência, chama-se de lei universal a toda explicação dada a um fenômeno natural, comprovada pela lógica matemática e/ou experimental.

A lei da conservação da energia, por exemplo, é universal. Assim também o são as ditas constantes universais, tais como a velocidade da luz e a aceleração da gravidade.

Quando me refiro à imutabilidade das leis, quero dizer das leis de Deus e não das nossas, as quais, muitas das vezes, demonstram ser incompletas, pois acompanham a evolução do nosso conhecimento científico.

As leis de Deus sempre existiram, são perfeitas e imutáveis, assim como Ele, de modo que o que muda é o nosso grau de compreensão delas...

Réplica 3 – Participante A.

> Como amar? Posso dar minha opinião! Seja franco com você mesmo e faça aquilo que achar correto e propiciar leveza. Se fizer ou acreditar, de maneira não natural, naquilo que Deus considera correto, estará mentindo para si mesmo e para Deus. Isto sim é grave!.

Resposta 3 – Participante C.

> Deus está presente em todos, independente de raça ou credo, até mesmo nos que se dizem ateus, porém acreditam no bem e no amor.

<u>Réplica 1</u> – O autor.

Estou de pleno acordo com você quanto à presença de Deus nas coisas boas, entretanto, penso que Ele é onipresente.

Se me fizesse a seguinte pergunta: onde habita Deus? Eu diria: em tudo. Isto inclui o mal, porque através dele que percebemos o que é certo e nos orientamos em nossa trilha evolutiva.

Veja, por exemplo, o quanto que a humanidade não aprendeu com Hitler! Não parece paradoxal? O mal não existe, nós que o inventamos...

O conceito de maldade e bondade é muito relativo, pois depende da ética pessoal de cada um, a qual não necessariamente precisa ser altruística.

Portanto, tudo converge para o bem, só ele existe e, como você mesmo disse, Deus é bondade infinita.

<u>Resposta 4</u> – Participante D.

> Deus é o nosso sentimento de busca à perfeição, Deus é perda, Deus é dúvida... Eu não sou, mas poderei ser Deus.

<u>Réplica 1</u> – O autor.

Gostaria que você refletisse sobre algumas indagações: sendo Deus nosso sentimento de busca à perfeição, o que considera perfeito? Como nos é possível, sendo imperfeitos, vislumbrar uma condição que ainda estamos longe de atingir? Seria possível que um dia alcançasse a perfeição divina?

Sinceramente, considero isto implausível, visto que nunca poderíamos nos igualar ao Criador.

Apesar desta discordância, quando diz que Deus é amor, está dando uma resposta muito sábia, haja vista que João, o apóstolo, já usava tal definição.

Resposta 5 – Participante A.

> Pode-se provar o existente, mas é impossível provar o inexistente, tanto se existe ou não.

Réplica 1 – O autor.

Isto não é o mesmo que dizer: sou materialista e não acredito em Deus. Vê como é simples, bastaria uma linha e pouparíamos tempo...

Deixa para lá!

O que quero dizer também é simples e espero que me compreenda. A ciência está muito longe de ser a dona da verdade absoluta. Existe muito ainda por se descobrir.

Sendo assim, há muita margem para especulações e é exatamente aí que os crentes e racionalistas se apoiam. Prefiro ser um cientista crente e alimentar um sentido "maior" à nossa existência, do que um cético materialista que, apesar de não se dar conta, também é crente, pois acredita piamente que não há margens para dúvidas...

Digo-te mais: tais especulações são de crucial importância, porque só fazem impulsionar a ciência. Não vejo malefício algum em um cientista admitir suas limitações e, pelo menos, supor que algo transcenda à matéria como a conhecemos. Mesmo porque a opção é de cada um...

Muito embora a felicidade seja efêmera, de certo que a esperança é um de seus principais indícios. Já o extremismo é o primeiro passo para o orgulho!

Lembre-se: a verdadeira sabedoria reside no equilíbrio...

Tréplica 1 – Participante A.

Ora, vejam: se eu dissesse que Deus não é nada, sem mesmo complementar que é apenas fruto da imaginação fértil dos crentes, não abriria margens para o debate, descumprindo com os propósitos do mesmo.

Resposta 6 – Participante E.

Deus está acima de qualquer palavra, qualquer proposição metafísica é mera limitação da sua abrangência, portanto, nossa linguagem não permite dimensionar a amplitude do que é Deus. Deus é a parte etérea mais ínfima e pura de tudo.

Resposta 7 – Participante F.

Deus deve necessariamente ser um ser imaterial, porque se fosse matéria estaria sujeito às leis da matéria. Mas Ele é a causa dessas leis. Aliás, é também a causa da existência da própria matéria! Se Ele fosse matéria, a matéria seria anterior a Ele, e assim Ele já não seria mais a causa de todas as coisas. É-me tão plausível que Deus existe, e tão absurdo que ele não exista, que tenho uma enorme fé na sua existência. É assim que a razão me leva à fé, à fé raciocinada, e não à fé cega.

Considerações – O autor.

Passados quase dois anos desde o início deste debate, deparo-me com a difícil tarefa de propor-lhe um desfecho.

Confesso que não só eu, mas muitos dos participantes, sentimo-nos, às vezes, "magoados" com o desenrolar um pouco agressivo das discussões. Isto porque cutucamos incessantemente a mais temível ferida humana: a incompreensão de Deus!

Seria um contrassenso dizer que chegamos a um consenso. Contudo, hoje, não hesito em dizer que esta foi, sem dúvida, uma das melhores experiências filosóficas de minha vida!

Foi, sobretudo, um exemplo vivo de como podemos "contemporaneizar" o antigo ideal socrático, aliado ao mais poderoso veículo de comunicação de todos os tempos: a internet.

Espero que, no futuro, possamos nos embrenhar cada vez mais em discussões filosóficas deste tipo, valorizando nossas opiniões, sem, nunca, menosprezar o ideal do companheiro.

Isto sim leva à evolução.

Materialismo *versus* espiritualismo (melhores momentos)

Iniciador – O autor (17.05.2001).

Proposição – O autor.

Há tempos um amigo vem propalando uma tese intitulada 'Teoria do Intrínseco'.

Recentemente, para seu espanto, ele soube que suas ideias já haviam sido abordadas também no livro O Gene Egoísta, de Richard Dawkins.[17]

Por conhecê-lo muito bem, eu já tinha em mente do que se tratava, no entanto, não supunha que poderia balançar meus pilares conceituais...

Nunca gostei da ideia materialista e, pra falar a verdade, sempre defendi que não existiam céticos absolutos. Entretanto, no dia 16 de junho de 2001, me defrontei diante de dois amigos, pelos quais tenho grande apreço, com o anúncio de um materialismo científico muito bem fundamentado.

Sempre fui muito feliz acreditando na existência de uma "Inteligência Suprema, causa primária de todas as coisas". Além do mais, minha convicção da existência de uma consciência inteligente além do corpo físico, aliada à possibilidade de evolução ao longo de sucessivas encarnações, sempre foram minhas diretrizes existenciais.

Não obstante, como cientista racional, talvez eu tenha sido obrigado a ceder, pelo menos em parte, aos seus argumentos. Não descansarei enquanto não encontrar um propósito maior para existência, que não se resuma apenas em: nascer, crescer, procriar e morrer!

Segue-se uma série de indagações à 'Teoria do Intrínseco', numa "batalha" incansável e perigosa, porém empolgante, entre os 'crentes espiritualistas' *versus* 'céticos materialistas'.

Embrenhemo-nos no limiar da filosofia e da ciência!

Todo cientista que descarta as suposições filosóficas se torna cético. Por outro lado, todo filósofo que fecha os olhos diante das evidências científicas depara-se como sendo, ele próprio, um ignorante. A sabedoria reside no equilíbrio destas duas facetas.

Pergunta 1 – O Autor.

Em poucas palavras, faça uma síntese bem esclarecedora do que vem a ser, afinal, esta 'Teoria do Intrínseco'?

Resposta 1 – Participante A.

Em um sistema simples, aquele em que poucos fatores causam o efeito, como numa reação de combustão, as condições experimentais e a constituição dos reagentes determinarão a formação de chama. A causa, neste caso, deu origem a um efeito, a combustão. Pode-se assim dizer que é intrínseco destes entes darem origem à combustão nestas condições... Do mesmo modo, afirmo que as reações no cérebro, juntamente com as interligações entre neurônios e o meio reacional, determinam as características de uma pessoa, sendo os sentimentos a característica mais difícil de ser entendida, bem como a responsável pela personalidade do indivíduo. Este sentimento, o qual denomino 'Gatilho Emocional', é o fator inicial em suas decisões, e é próprio de cada um... A 'Teoria do Intrínseco' se limita ao entendimento dos motivos que levam a uma decisão, não permitindo entender o surgimento da consciência, assunto correspondente a estágios evolutivos: mineral, planta, animal, ser racional e ser consciente... Um exemplo prático, e que não precisa ser referenciado, é o próprio instinto. Pode-se facilmente observar que um mamífero nasce sabendo mamar, que qualquer animal não precisa ser ensinado a copular... Assim, é possível logo de início reconhecer a importância do papel dos genes na formação do intrínseco, como também supor as funções ainda não descobertas para uma parte do DNA que está sendo considerada inativa... Por último, os fatores genéticos são, sem dúvida, o que se pode chamar de fatores intrínsecos, pois não só determinam a personalidade média de uma pessoa, como também qual será a reação desta frente a uma droga externa. Os genótipos, e, por consequência, os fenótipos, são normalmente transmitidos e misturados na reprodução, podendo também sofrer modificações. Intrinsecamente, uma pessoa se sente melhor escutando música, outra desenhando, outra fumando, outra gosta de parceiros com pele morena, outra com cabelos claros, outra se dá bem em Física, outra nas áreas de humanas, muitas gostam de viver de sonhos, já outras querem ver para crer. São todas personalidades diferentes ou parecidas, mas dificilmente iguais. Para levantar polêmica, vou citar uma frase: os fatores externos influenciam muitas vezes menos que os intrínsecos".

Resposta 2 – Participante B.

Quando buscamos explicações racionais para um fenômeno, quer seja ele físico, psicológico ou filosófico, os modelos que desenvolvemos devem se apresentar coerentes, com uma axiomática lógica e consistente, e isso não se discute! Entretanto, o sucesso das descrições a que você freqüentemente chama de materialistas se deve ao fato da existência de um meio extremamente eficaz de confrontar nossos modelos com a realidade, o experimento. Isso é o que eu entendo por ciência. Entretanto, quando o assunto é encontrar um sentido para existência, nós perdemos completamente a comparação com o real, pois não existe um modo de medir o sentido da vida. Assim sendo, qualquer discussão nesse sentido passa a ser meramente uma batalha de retóricas, onde vence o melhor orador.

Réplica 1 – Participante C.

Admitir que existem coisas que podem ser explicadas e coisas que não podem é admitir que há duas regras diferentes que regem a mesma realidade. Não me agrada muito. Eu, sinceramente, creio que todas as ações e pensamentos do homem poderiam ser calculados se tivéssemos certeza de usarmos o modelo certo, com todos os dados exatos. Obviamente, isso ainda está muito longe do escopo em nosso nível mental / filosófico / tecnológico. Concordo também com o argumento de que não é possível enxergar a diferença entre algo cuja existência não pode ser comprovada e algo que não existe. Não é o caso, então, de pensar que tudo pode existir até provem contrário?

Tréplica 1 – Participante B.

Eu nunca disse que possa haver duas regras diferentes para uma mesma realidade. A única coisa que eu disse é que modelos filosóficos não são passíveis de confronto com a realidade, pois neles não existe fato físico mensurável associado... A diferença primária é que os modelos científicos explicam uma série de fenômenos e, de fato, nos dão previsões sobre comportamentos da natureza. Já os modelos filosóficos não explicam nada direito, não permitem conclusões quantitativas e não são capazes de prever nada com segurança... Modelos científicos podem ter seus pilares (postulados e axiomas) atacados, mexidos e alterados mediante um fato novo, já os modelos filosóficos partem de dogmas incontestáveis por definição... Qual dos dois modos de pensar fornecem os melhores resultados práticos? Aceitar que tudo existe até prove em contrário! Parece-me um tanto ingênuo. Não se pode provar que algo não existe. No máximo, conseguimos dizer que não é desse jeito que se detecta...

Pergunta 2 – O Autor.

Considerando que o "calcanhar de Aquiles" da 'Teoria do Intrínseco' está justamente na explicação da consciência, como ela a explica? Lembrando que esta é uma jornada para compreensão do ser integral, não só material, perante o macrocosmo!

Resposta 1 – Participante A.

> Gostaria de dizer ao Iniciador do debate que, enquanto ele não descer do muro, não vou discutir nada, começando por essa mania de escutar e distorcer a seu favor. Que estória é esta de que o "calcanhar de Aquiles" da Teoria do Intrínseco é a consciência! Estou esperando suas definições sobre consciência e o modo como ela age.

Réplica 1 – O Autor.

Em primeiro lugar, eu gostaria de deixar bem claro que não estou querendo converter ninguém! Por acaso, em algum momento, afirmei que a verdade está comigo?

Considero estes debates, simplesmente, uma "brincadeira" muito gostosa, em que podemos pôr à prova os nossos conceitos e, quando errados, reformulá-los.

Segundo os dicionários, a consciência nada mais é do que o sentimento ou a percepção do que se passa em nós. Minha crença vai um pouco além disto. Acredito que o pensamento é um atributo da alma, ou consciência, fruto esta de uma Onisciência Criadora. Tudo tem sua função dentro do aparente caos do universo...

Gosto, sempre que possível, de simplificar as coisas e, neste caso, presumo que não se perderia a sublimidade conceitual se considerarmos a consciência como sendo o atributo do espírito de ter ciência de si. Seria, de certa forma, não muito diferente do "penso, logo existo" de Descartes...

Resposta 2 – Participante D.

> Li alguns estudos científicos sobre túneis de aceleração, onde foram constatadas energias que podem ser consideradas como princípios de formação da matéria... Acho que esta teoria pode

fortalecer um ponto de unificação entre o materialismo convicto e as crenças religiosas...

Considerações – O Autor.

Presumo que o "desgaste" vivenciado no primeiro debate tenha se refletido, aqui, na forma de "provocações" ainda mais acaloradas...

Interessante notar ainda que, quando a discussão chega neste ponto, não adianta de nada forçar a sua continuidade, porque só geraria mais brigas e desentendimentos.

Não obstante, mesmo que o tempo de concórdia entre materialistas e espiritualistas esteja ainda muito distante, vale ressaltar ainda um exemplo de uma crítica ao cristianismo, feita pelo grande filósofo materialista Nietzsche. Ela nos mostra que até mesmo as grandes doutrinas, aquelas que só pregam o amor, têm seu lado ruim, ou melhor, são desvirtuadas.

> "O cristianismo é a forma acabada da perversão dos instintos... Repousando em dogmas e crenças que permitem à consciência fraca e escrava escapar à vida, à dor e à luta, e impondo a resignação e a renúncia como virtudes" [18]

E os desvirtuados somos nós mesmos...

Capítulo 4: contos e mensagens

Memórias de mim mesmo

Cada dia que passa é qual caso passageiro de uma única noite: curto, mas pode dura uma eternidade; prazeroso e ao mesmo tempo com chances se tornar-se uma temeridade, dependendo se a mulher era bonita ou feia, independente dos atributos da simpatia e gentileza, que podem a transformar no pior dos porres!

Claro que existem também os meios-termos, que agradeço por serem costumeiramente bem mais frequentes. Sou daqueles eternos otimistas, que insistem em achar que o ruim pode ser bom... Acredito sim que o verdadeiro discernimento do que é bom ou ruim, além da relatividade implícita a cada observador, só vem com a experiência.

Certa vez, me lembro de ter dito a um colega:

_ *É melhor passar por poucas e boas do que muitas e ruins...*

Ora, esta é uma condição ideal, que só podemos nos dar ao luxo de desfrutar depois de exercitarmos exaustivamente a arte probabilística da díade tentativa e erro.

Certamente, quero dizer que, na vida, são cruciais as escolhas que fazemos, porque poucas coisas são realmente importantes e, muitas vezes, só nos damos conta disso, quando já as perdemos... E fica muito mais fácil de analisar se elas são efetivamente boas ou ruins para nós quando são poucas.

A vida é curta demais, no entanto, da matéria ao espírito, vislumbramos a eternidade!

Meus pais costumavam dizer-me ainda quando "pipoco":

O que somos hoje é o resultado do que fomos ontem.

Já meus amigos não se cansam em me dizer, durante nossas inumeráveis baladas de outrora:

_ *Cara, como você viaja na batatinha!*

Realmente, quando estou relaxado, entre pessoas afins, sob uma atmosfera propícia, me sinto numa espécie de transe. Minha consciência enleva-se e toda vibração que se me assemelhe é facultativa de ressonância, de modo que os efeitos podem ser, no mínimo, inusitados...

Chega a ser engraçado porque no cotidiano sou extremamente "normalizado", o que, para aqueles que não me conhecem a fundo, pode parecer meio estranho.

Bom, chega de balela! Por enquanto é só isso que vocês precisam saber sobre mim. O resto ficará implícito nas histórias que se seguem.

Não gosto de estória. Vários personagens estão muito aquém da ficção. São pessoas do meu convívio: familiares, amigos, colegas, etc. Por isso tomarei o devido cuidado, em alguns casos, de mudar os nomes. No entanto, para aqueles que me conhecem, talvez seja bem fácil de reconhecê-los...

Notar-se-á ainda que, na grande maioria das passagens, não existe uma sequencia cronológica muito clara dos eventos, mas com a devida atenção tudo se encaixa ao final.

Paciência àqueles que se dispõem a adentrar nos mais periclitantes contos de um louco pela vida! Numa jornada que começa e termina em mim mesmo...

Parábola da vizinha fofoqueira (mensagem de sabedoria)

Prezados "anciãos", esta é uma daquelas estórias que põem a gente para pensar. Eu a ouvi há muito tempo, numa breve preleção proferida em minha casa pelo apreciado médium campineiro Clayton Levy.

Não me lembro nem sequer do tema da palestra, mas daquela singela estória nunca mais me esqueci.

Era uma vez uma dona de casa muito fofoqueira que, certo dia, iria receber a visita inusitada de um sábio. Logo quando chegou, ela recebeu-o cordialmente e já foi logo "soltou a língua", contando os podres da vizinha:

> _ Todo dia, quando eu acordo, tenho que aturar a vista das suas roupas imundas no varal! Acho que ela não deve usar nem sabão em pó! Suas roupas estão sempre tão encardidas... Veja lá você mesmo?

O sábio olhou em direção à janela, analisou e disse:

> _ Minha senhora, empreste-me um pano.

Ela o emprestou de imediato e ele foi até a janela calmamente, limpou a vidraça e disse:

> _ Veja agora com seus olhos!

A mulher ficou olhando atônita! Então ele continuou:

> _ Não é a roupa dela que está suja, mas sim a sua vidraça.

Na vida, é assim mesmo. Nós vivemos enxergando somente a "roupa suja" dos outros e nos esquecemos de limpar a própria!

A filosofia se encaixa muito bem no papel do sábio, nos ajudando a ter consciência de nós mesmos, ao invés de ficarmos atentos somente aos defeitos dos outros.

Máximas de um pimpolho

Como é bom lembrar-me deste tempo... Já dizia o mestre Jesus:

"Venham a mim as criancinhas".[19]

Desprovidas são elas ainda das falácias mundanas. Não têm medo, nem cobiça, nem vaidade, nem orgulho... São puras, regadas da essência de si mesmas. Não vestem "cascas" para se proteger. Enfim, são as "castanhas" do mundo!

Não deveríamos jamais ter perdido a nossa criatividade, exercida na arte do brincar. Como é fácil nos esquecer de que vivemos numa busca incessante pela felicidade... E como regredimos ao nos esquecer que esta "rapariga fujona", em realidade, só nos acompanhará quando encararmos a vida como uma eterna e gostosa brincadeira.

Vejamos o que consigo me lembrar deste tempo de "pipoco" para adocicar minha consciência de "velho rabugento"... Quisera eu, hoje, ter tamanha coragem!

Certa vez, quando tinha por volta de quatro anos, mamãe fez-me a seguinte pergunta:

_ *Filho, o que você quer ser quando crescer?*

Não receei em responder-lhe de imediato com outra pergunta:

_ *Qual o maior cargo que existe?*

Surpresa, ela pensou e disse:

_ *Presidente da República.*

Respondi, então, resoluto:

_ *Então é isto o que eu quero ser.*

Como seria bom também ter a mesma motivação no trato com dinheiro! Enchi tanto a paciência do meu pai até que ele abriu uma poupança para mim no "Bladesco". Isto mesmo: o "Bladesco". Não saía de casa sem a minha cadernetinha vermelha do "Bladesco"...

Eu devia receber uma mesada equivalente, hoje, a uns R$ 50,00 e a primeira coisa que fazia era ir a banca para comprar umas figurinhas, só para pegar o troco em notas de um. Quanto maior fosse o maço de dinheiros, mais "rechonchuda" ficava a cadernetinha. Até que tinha muita lógica...

Como gostaria de ter aquela despretensão simplória de outrora... Meus irmãos, ao se recordarem deste fato, riem compulsivamente.

Luciana, minha maninha, era o que se pode chamar de uma poetiza nata. Amolei-a tanto que ela acabou me inscrevendo num concurso de poesias. No entanto, malvada foi ela ao me dizer que eu não teria a menor chance...

Fiquei muito triste, mas não desanimei. O concurso era sobre acidentes do trabalho e, apesar de eu não saber nem escrever ainda, com a ajuda do meu vozinho Joaquim, lancei meu versinho:

"Nesta casa a Bruxa do Acidente não entra!".

Quem diria que este seria o grande premiado da noite! Coitadinha da maninha...

A mesma ladainha ocorreu no concurso de pipas com o meu irmão, o Betão. "Pentelho" como eu era, consegui que ele me fizesse uma "minipipa" com os retalhos da sua majestosa "águia dos ventos".

Passei o tempo inteiro durante o concurso correndo de um lado para o outro, na tentativa que minha minipipa conseguisse alçar voo. Imaginem só: claro, ganhei o primeiro lugar em originalidade! Coitadinho, desta vez, do maninho...

Realmente, não tem coisa mais linda do que as associações despretensiosas de uma criança.

Almoçávamos todo domingo em São Paulo na casa dos meus avós. Como todo bom caçula, eu tinha lugar cativo no meio do banco traseiro do carro do papai. Adorava apreciar, dali, a paisagem São Paulina, no seio daqueles que tanto me afagavam.

Meus pais morrem de rir ao contar que toda vez que chegávamos no final da Bandeirantes, quando despontava o primeiro prédio daquela monstruosa cidade, eu gritava ansioso: Sum Paulo, Sum Paulo!

Mais engraçado ainda é que mesmo em Campinas, minha amada cidade natal, sempre que avistava um monte de prédios, também gritava o mesmo...

Atenção adultos! Estas são as máximas de um "pimpolho":

1. Ousadia de pensar grande;
2. Empreendedorismo de um colosso;
3. Simplicidade de vencedor;
4. Inocência de um anjo.

Felizes são aqueles que conseguem manter estas qualidades simplesmente porque, como as crianças, poderão ir ao encontro do Mestre...

Maledeto cupinzeiro

O baile do Clube Municipal de Areado (MG) era certeza de fartu-ra e bonança. Estávamos na última semana de junho, faltando poucos dias para as provas finais do bimestre, mas nada era empecilho para dois "ETECAPIANOS" convictos, na efervescência dos seus 16 anos... Seriam três dias de sítio, uma noite de baile, pouco estudo e muito hormônio!

Saímos de Campinas na sexta-feira pela manhã e, como era de praxe, a meta do feriadão já estava estipulada: três "scores" cada, ou seja, um por dia. Prefiro passar batido pela noite de sexta, visto que só ela, renderia um capítulo...

_ Certo, Cello!

_ Lembra-se da "Vampira"?

_ "Tábua", só de passar, por favor...

Já era fim de tarde no rancho do vô Miro e a apreensão pelo baile consumia nossos pensamentos. No entanto, o pior é que, depois da noite passada, a valer das fofocas, nossas perspectivas já não eram as melhores. Mas e daí! Éramos da cidade grande, bonitos e valentes, quem poderia nos deter?

Maledeto cupinzeiro! Gritei ao saltar do pangaré e topar com o dedão naquele maldito monte de areia, duro que nem pedra. A dor era escaldante e nem gelo segurava a vermelhidão.

Mais à noitinha, a dor ainda estava bem longe de cessar, entretan-to, o Cellão saiu do banho todo animado e perguntou daquele seu jeito super delicado:

_ Você não vai se arrumar para o baile não o "veado"?

Por incrível que pareça, relutei muito em ir, mas não adiantava. Pelo menos até a praça teria de ir, senão... Sei lá! Algo me dizia, além da sua insistência, que eu deveria ir. Minha "intuição masculina", talvez.

Na praça central da cidade, o que não faltou foi conhaque (não podeia deixar de ser um Domeq naquela época de pendura). Não conseguia sequer apoiar o meu pé no chão, de modo que prostei-me encostado num daqueles carros ridículos com o capô aberto, ao som do Skank, enquanto o Cello seguia seu estratagema anestésico...

Quinze para meia noite e, antes de subirmos para o baile, tínhamos um encontro marcado com a nossa "caninha 51" e o maço de "Guds" (vulgo Gudang Garam, único cigarrinho de cravo aceitável pela moçada).

Eles ficavam escondidos num terreno ali por perto e, acreditem: quem era nosso salvador? O bendito cupinzeiro, onde escondíamos nossos apetrechos noturnos...

É, por mais estranho que pareça, há males que vêm pra bem! A essas alturas, eu já andava normalmente e o dedão quebrado era-me apenas uma vaga lembrança. Dali por diante, do que me recordo são apenas "flashes" daquela memorável noite de inverno.

Uma roda de uns cinco metros de diâmetro no meio do salão, dois cabeludos em êxtase estirados no chão ofegantes. E atônitos, é a única palavra que resume a cara dos mineiros diante daquela cena estapafúrdia! O resto não é preciso nem contar...

Pelo que pude lembrar-me foram no mínimo quatro "scores" cada (a meta estava mais que atingida). O sol estava nascendo e o meu pé doendo pra burro...

A cura do amor (mensagem de amor)

Aos seres que amam, atente-vos para a comunicação, bendita comunicação. Quando bem utilizada nos traz glórias, muito embora possa ser a fonte dos maiores sofrimentos do espírito humano.

Tamanha sua perspicácia que é capaz de iludir a tudo e a todos, inclusive a nós mesmos... Cega-nos a ponto de não conseguirmos enxergar os nossos próprios defeitos.

Mas o que seria de nós sem ela? Antes de mais nada, ela é um dos maiores agentes evolutivos existente. Sempre que se começa um relacionamento, estamos imbuídos das melhores intenções. Procuramos mostrar tudo o que temos de bom, ficando a vida até mais doce. Contudo, com o passar dos anos, nas falhas de comunicação é deflagrado, pouco a pouco, o nosso verdadeiro Eu.

Logicamente que a perfeição está muito distante de qualquer um de nós. Podem existir algumas particularidades de personalidade conflitantes que, como o foco de um câncer, pode comprometer seriamente o amor tão sublime de outrora.

Penso que, ao chegar neste ponto, não é salutar para ambas as partes julgar o companheiro, ou muito menos esperar pela mudança de outrem. Nosso único consolo é voltar-se para si, numa busca inaudita pela cura desta doença tão temerosa. Ela existe, graças a Deus, porém requer um tratamento intenso e doloroso. Quimioterápico... Cabe ressaltar, por outro lado, que o "germe" desta doença nunca é totalmente banido, haja vista que é uma propriedade intrínseca das nossas personalidades.

Ao nos relacionarmos, urge que nos comprometamos incessantemente a refletir e buscar um corretivo para cada pequeno detalhe conflituoso da nossa personalidade. Assim, criaremos as condições indeléveis para estarmos sempre juntos e felizes, lado a lado do ser amado.

Renovação (mensagem de Natal)

Caros convivas, para mim o Natal é sinônimo de renovação! Difícil passar um ano sequer sem que, ao olhar para trás, eu não encontre tanto erros quanto acertos, ou melhor, mais erros do que acertos...

Mas, em verdade, nada disso importa. Reflexões e filosofia de nada valem, senão quando acompanhados de muitos e bons relacionamentos...

Que seria de nós sem estes momentos que, de tão ternos, tornam-se eternos? De tudo o que vivemos, do que nos recordamos afinal? Vicissitudes à parte, sempre nos recordamos muito bem daquele brinde embriagado em final de noite na companhia dos amigos, do olhar de contentamento dos pais na formatura e, claro, do beijo apaixonado da mulher amada, em seu colo...

Não há "mais-valia" do que o aconchego da família, nem sentido na vida sem o conselho de um amigo, quanto menos calor na ausência de um grande amor.

Minha mensagem de Natal desta vez não é filosófica. Quero, daqui por diante, sentir mais do que pensar, ouvir mais do que falar e, sobretudo, amar mais do que achar... A única verdade reside no amor.

Escolhi finalizar esta mensagem brindando-vos com uma frase de Mestre. Do imortal Fernando Pessoa:

"Circunda-te de rosas, ama, bebe e cala. O mais é nada.".

Capítulo 5: poesia

Síntese

O ensejo de escrever vem-me do fundo da alma,
para me fazer compreender, sem ofender,
por aqueles que tenham um pouco de calma.

Falta-me métrica e rima,
talvez seja esta a minha sina...
Como poeta, não sei se valho,
mas no conteúdo, pretendo concentrar o meu trabalho.

A poesia é a síntese filosofal!
Esta draga de nossas impurezas...
Só reluz nas mentes desprovidas de "mais-valia",
colorindo a vida, já tão surrada de tristezas.

A reflexão e a razão,
por mais paradoxal que pareça,
constituem o liame que nos aprisiona e liberta
d'abissal ignorância.

Mais vale amar o saber, e bater à porta,
do que crescer sem ser,
e esperar de fora.

Monólogo do poeta

(ao meu avô e consagrado poeta Silva Barreto)

Exorta-nos o poeta,
ao sentir com as letras
inspiração concreta,
o atributo mais sublime d'alma.

Com ele não se sabe o que é dor,
sem ele não concebe a alma
nem mesmo um Criador...

Onisciência, suprema inteligência,
Perdida fica a mente ao ousar contemplá-la.
Verão as plantas algum dia a semente?

Deixemos estas questões para os Imortais!
Estes semi-Deuses, "Super-Homens"...

Deus,
aristotelicamente, ato puro,
ou, simplesmente,
segundo João, o apóstolo,
amor!

Sofreguidão

(ao grupo assistencial de meus pais: Socorro Fraterno)

A embriaguez da mente,
no torpor da dor,
qual ferida pungente
ameniza o amor.

Sofrendo e ensinando,
estes pobres de espírito...
Na Terra, só desencantos,
na morte, esplendor garrido!

Muitos por eles oram compadecidos,
outros os ignoram,
desapercebidos...

Doutos d´alma,
mestres da dor,
em seu leito de morte
professam o amor.

Ascensão

Em homenagem aos "pseudo-andarilhos",
que pela vida passam em prantos,
aí vai meu trocadilho:

Melhor passar por poucas e boas,
do que muitas e ruins...

Sou um andarilho como todos!
Minha jornada não tem destino.
Vivo exausto.
Perambulando sim,
Pelas sombrias e tortuosas ruas das vidas.

Mas a luz, como tudo que emana do Criador,
alumia a todos, mesmo aqueles
embrutecidos pelo fardo das andanças.

Qual sopro divino,
carrega consigo as complicações
e nos mostra que poucas são as verdades...

A sucessão das vidas,
grande escola do espírito imortal,
nos ensina o caminho da ascensão.

Redenção

Ter certeza
é estar fadado à tristeza.
A dúvida é a mestra-guia da evolução,
já o extremismo constitui
o maior inimigo da harmonia.

Sábios aqueles que guardam suas verdades para si,
pois sabem que elas são temporárias...

O equilíbrio e a paciência,
aliados à humildade e a caridade,
são os atributos fundamentais
que nos conduzirão fatalmente
pelo caminho da redenção.

Toninho
(homenagem ao ex-prefeito de Campinas)

Como político,
fostes a luz na escuridão!
Num país onde ainda impera
a ganância e a corrupção.

De teus olhos emanavas
um brilho descomunal.
Dentre os que governam,
fostes um maioral!

Com humildade e simplicidade,
erguestes a bandeira da justiça,
numa luta inaudita
por um povo em aflição.

Quiséramos nós fossem todos como tu!
Campinas não seria mais a mesma...
Até a vida proporcionaria maior "leveza".

Tua imagem fica,
na certeza de que cumpristes com o teu papel:
de um grande homem,
um homem justo!

Referências

1. Barreto, S. Figuras Anônimas, 1987, 2ª ed., São Paulo: Ícone Editora, p. 83.

2. Durant, W. História da Filosofia, 1926, 2ª ed., p. 1.

3. Miranda, H.C. A Memória e o Tempo, 1999, Lachâtre, 6ª ed., p. 17.

4. Vieira, W. Projeciologia, 1999, IIPC, 4ª ed., p. 1.

5. Vieira, W. Conscienciologia, 1994, IIPC, 1ª ed., p. 1.

6. Kardec, A. O Livro dos Espíritos, 1992, IDE, 75ª ed., p. 1.

7. Pires, H. Os Filósofos, 2000, FEESP, 1a ed., p. 224.

8. Gerber, R. Medicina Vibracional, 1997, Cultrix, 12ª ed., p. 98.

9. Dunlop, E. Psychology, 1954, 18, p. 3.

10. Dudley, G.A. Como Aprender Mais, 1988, Círculo do Livro, 1ª ed., p. 1.

11. Byrne, W.L. Molecular Approaches to Learning and Memory, 1970, Academic Press, 1st ed., p. 2734.

12. Freud, S. Inhibitions, Symptoms and Anxiety, 1936, Hogarth, 1st ed., p. 77.

13. Enciclopédia Larousse, 1988, Universo Editora, p. 4330.

14. Cutler, H.C. A Arte da Felicidade, 2000, Martins Fontes, p. 17.

15. Barreto, S. A Voz da Poesia, 2001, Jubileu de Prata, p. 25.

16. Cardoso, F.H. Veja, 2001, 1732, p. 184.

17. Dawkins, R. O Gene Egoísta, 1999 Gradiva, 1ª ed. p. 1.

18. Nietzsche, F. Obras Incompletas, 2000, Nova Cultural, p. 10.

19. Kardec, A. O Evangelho Segundo o Espiritismo, 2002, 119ª Ed., Rio de Janeiro: Federação Espírita Brasileira, p. 155.

www.ingramcontent.com/pod-product-compliance
Lightning Source LLC
Chambersburg PA
CBHW021219020426
42331CB00003B/387